AF358222

CATALOGUE

DE

DEUX SÉRIES

DE

BELLES TAPISSERIES

DU XVIIᵉ SIÈCLE

L'une à sujets, d'après TENIERS

L'autre à compositions, d'après VAN KESSEL

(ANIMAUX ET VOLATILES DANS DES PAYSAGES)

PROVENANT DE LA SUCCESSION DE MADAME DE F***

Et dont la VENTE aux enchères publiques

AURA LIEU

HOTEL DROUOT, SALLE Nº 6

LE JEUDI 12 JUIN 1902

à quatre heures

Mᵉ LAIR-DUBREUIL, commissaire-priseur

SUCCESSEUR DE Mᵉ DUCHESNE

6, rue de Hanovre

Chez lequel se distribue le présent Catalogue

EXPOSITIONS

PARTICULIÈRE : *Le Mercredi 11 Juin 1902, de 2 h. à 6 heures*
PUBLIQUE : *Le Jeudi 12 Juin 1902 (Jour de la Vente) de 2 h. à 4 h.*

CONDITIONS DE LA VENTE

La vente sera faite au comptant.

Les acquéreurs paieront *dix pour cent* en sus de prix d'adjudication.

L'exposition mettant le public à même de se rendre compte de l'état et de la nature des objets, aucune réclamation ne sera admise une fois l'adjudication prononcée.

Paris. Imprimerie de l'Art, E. Moreau et Cⁱᵉ, 41, rue de la Victoire.

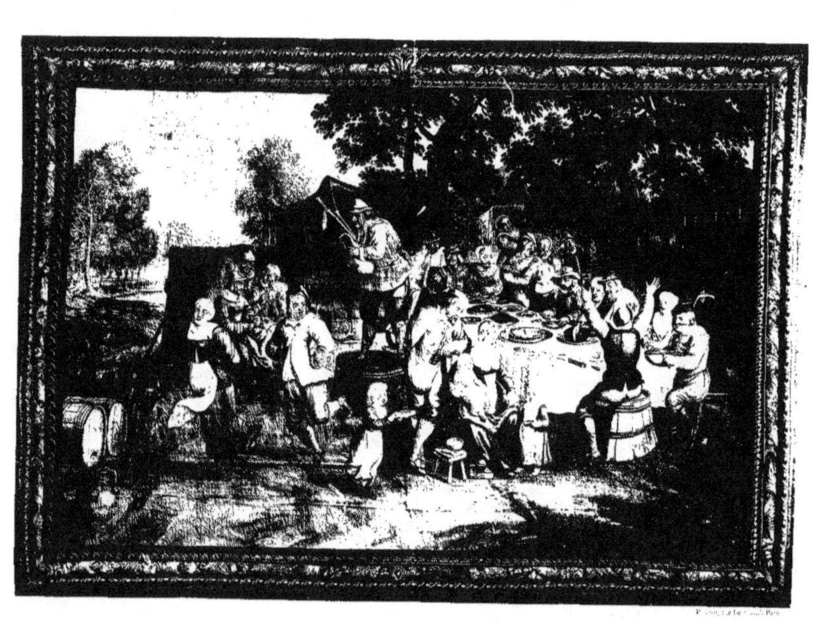

DÉSIGNATION

---

1 à 6 — Suite de six belles Tapisseries du XVIIe siècle (Ateliers de Béhagle), à sujets d'après *Teniers*.

> Bordures à double encadrement d'ornements, séparés par une bande à feuillages, fleurs et fruits.

Elles représentent :

1° *Le Festin champêtre.*

> Autour d'une table copieusement servie, des bourgeois et des villageois mangent et boivent gaiement, pendant qu'un cornemuseu, monté sur un baquet renversé, fait danser un couple de paysans; plus loin, à gauche, un groupe de trois personnages.
>
> Composition de vingt-sept figures, fond à paysage.
>
> Larg., 4 m. 25 cent.; haut., 3 m. 05 cent. environ.

2° *La Kermesse.*

> Dans un paysage, un groupe de villageois dan-

sent au son du violon et de la cornemuse ; d'autres, assis ou couchés par terre, causent et dorment ; une femme allaite son enfant ; au fond, à gauche, un buveur, qui peut à peine marcher, est soutenu par deux compagnons.

Composition de vingt-six figures.

Larg., 4 m. 85 cent.; haut., 3 m. o5 cent. environ.

3° *La Partie de Quilles.*

Des villageois, attablés auprès d'une auberge, fument et boivent, pendant que deux d'entre eux commencent une partie de quilles.

Larg., 3 m. 8o cent.; haut., 3 mètres environ.

4° *La Partie de Boules.*

C'est le coup décisif ! Un paysan enthousiaste agite son bonnet et donne des conseils au joueur qui va lancer la boule ; trois fumeurs s'intéressent à la partie, tandis qu'un villageois, l'adversaire sans doute, attend avec anxiété le résultat du coup final.

Larg., 3 m. 20 cent.; haut., 3 m. 15 cent.

5° *La Partie de Cartes.*

Trois joueurs sont assis autour d'un banc qui leur sert de table ; l'un d'eux, trop occupé à méditer son coup, n'aperçoit pas ses adversaires qui s'entendent pour le perdre. Deux fumeurs les regardent d'un air indifférent.

Haut., 3 m. o5 cent.; larg., 2 m. 40 cent. environ.

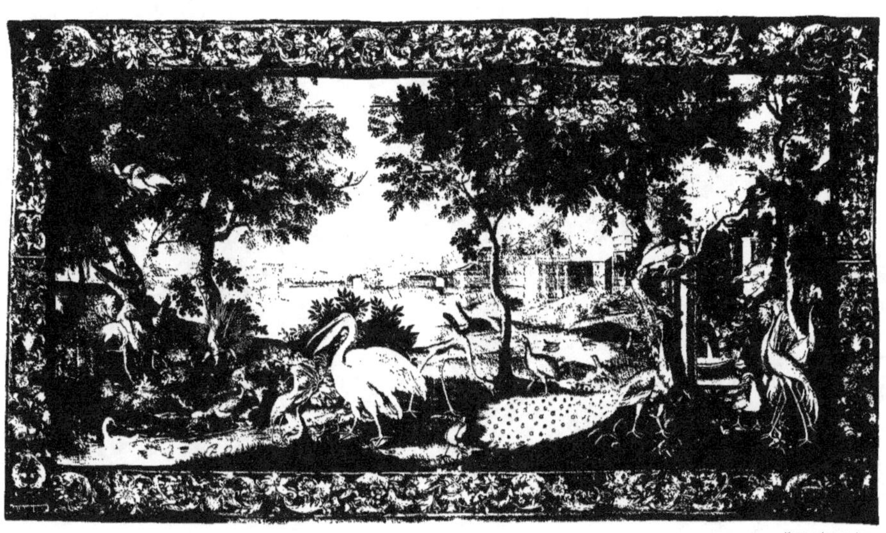

6° *Le Duo*.

Deux musiciens jouent, l'un d'un instrument à cordes et l'autre de la clarinette ; ce dernier s'interrompt pour regarder une femme qui lui présente à boire.

Haut., 3 mètres ; larg., 1 m. 85 cent. environ.

7 à 10 — **Suite de quatre belles Tapisseries du XVIIᵉ siècle** (Ateliers de Béhagle) à volatiles et animaux dans des paysages d'après *van Kessel*.

Jolies bordures à rinceaux feuillagés et fleuris et vases de fleurs.

Elles représentent :

La première. — Au premier plan, un paon, un pélican, des animaux et des volatiles ; plus loin, à droite, une fontaine et un pâtre gardant ses moutons. Fond à paysage avec rivière traversée par un pont, laissant voir une ville dans laquelle deux personnages vont pénétrer par une poterne qu'on aperçoit à droite.

Larg., 5 m. 45 cent.; haut., 3 m. 05 cent.

La deuxième. — De nombreux animaux et volatiles ; à gauche, un pont sur lequel on voit un cavalier et un piéton se dirigeant vers un château-fort baigné par une pièce d'eau dans laquelle

viennent se jeter des cerfs poursuivis par des ca-
valiers et des chiens.

Larg., 4 m. 70 cent.; haut., 3 m. 20 cent.

La troisième. — Des animaux et des volatiles
dans un paysage arrosé par un cours d'eau avec
vues de maisons; à gauche, un groupe de deux
petits personnages.

Larg., 3 m. 85 cent.; haut., 3 m. 25 cent.

La quatrième. — Au premier plan, une au-
truche et des oiseaux aquatiques s'ébattant dans
une rivière; au second plan, une vue de château;
à droite, une bergère garde ses brebis.

Larg., 3 m. 20 cent.; haut., 3 m. 20 cent.

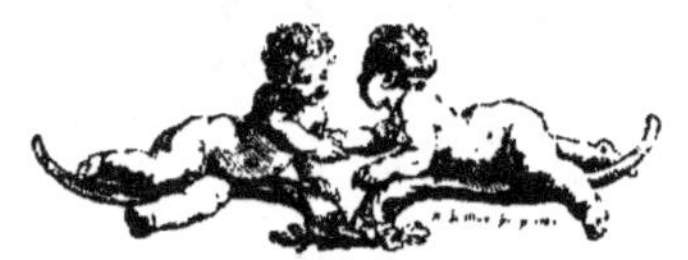